Nouilles de riz fraîches
鲜米线

Vermicelles de riz
粿条（沙河粉）

Vermicelles de soja secs
粉丝

Bok choy
小白菜

Champignons parfumés
香菇

Fruits du dragon
火龙果

Baies de goji
枸杞子

Germes de soja
豆芽

Saucisses chinoises
中国腊肠

Tofu aux cinq parfums
五香豆腐

Crevettes séchées
虾米

Mango une marque de Fleurus Éditions
www.fleuruseditions.com

Sue Su

Craquez pour le riz et les nouilles sautés !

Recettes express au wok

Photos : Amélie Roche
Stylisme et réalisation : Alexia Janny

MANGO

Sommaire

Préface

Je suis une Chinoise vivant en France. Voici mes meilleures recettes traditionnelles de riz et de nouilles sautés à réaliser au wok. Quelques infos et astuces avant de commencer !

Le wok, inventé par les Chinois, est l'ustensile de base de la cuisine asiatique depuis plusieurs siècles. On s'en sert tous les jours et à toutes les occasions. La cuisine au wok consiste à faire sauter à feu vif des aliments coupés en petits morceaux avec peu de matière grasse. Les ingrédients conservent ainsi parfaitement leurs couleurs, textures et qualités nutritionnelles.

COMMENT CHOISIR UN WOK ?

- La forme : le wok traditionnel arrondi et lisse convient très bien aux cuisinières à gaz. Celui à fond plat que l'on trouve notamment dans les supermarchés s'utilise aussi bien sur les plaques électriques que sur le gaz.
- La taille : le choix est large. Un wok de 28 ou 30 cm de diamètre est parfait pour préparer des plats pour 2, 4 ou 6 personnes.
- Les matériaux : il en existe principalement deux, le téflon ou le fer. Le wok en téflon, très pratique à utiliser, se nettoie facilement. Il est idéal pour les débutants et les gens pressés. Ce genre de wok est le plus utilisé en Chine. Le wok classique est en fer. Ceux qui cherchent l'authenticité de la cuisine au wok – conduction, répartition et résistance parfaite à la haute chaleur – préfèrent le wok classique qui saisit les aliments en leur donnant un léger « goût de fer », selon l'expression chinoise. Cependant, il est plus difficile à nettoyer.

PREMIÈRE UTILISATION D'UN WOK NEUF

- **En téflon** : pas besoin de l'apprêter, il faut simplement le nettoyer à l'eau tiède avec du liquide vaisselle et une éponge.
- **En fer** : selon une recette chinoise ancestrale, afin que le wok ne rouille pas et que les ingrédients n'attachent pas, lavez le wok à l'eau tiède avec du liquide vaisselle et une éponge afin d'enlever la graisse industrielle, puis essuyez-le avec soin. Badigeonnez l'intérieur du wok d'huile végétale et faites-le chauffer à feu doux. Une fois chaud, frottez la surface du wok avec une tranche de gingembre frais plusieurs fois. Éteignez le feu et laissez refroidir le wok. Lavez-le à l'eau tiède avec du liquide vaisselle et une éponge puis essuyez-le. Répétez une seconde fois cette opération.

QUELQUES ASTUCES POUR CUISINER AU WOK

- Préparez tous les ingrédients et assaisonnements à l'avance.
- Faites mariner la viande et les fruits de mer et conservez-les au réfrigérateur jusqu'à utilisation.

• Préchauffez le wok à feu doux avant d'y verser l'huile.
• Saisissez les ingrédients à feu vif et mélangez-les en même temps d'un geste rapide.

Pour le riz sauté :

• Il est préférable de choisir un riz parfumé, dit aussi « riz au jasmin », car ce riz aux longs grains conserve un parfum naturel après cuisson. Vous pouvez aussi opter pour le riz étuvé.
• Faites cuire votre riz dans un autocuiseur spécial riz qui vous garantira une cuisson parfaite (1,2 volume d'eau pour 1 volume de riz). Rincez-le au préalable. Dix minutes après la fin de la cuisson, aérez les grains pour qu'ils soient plus tendres. Vous pouvez également cuire le riz dans un cuit-vapeur.
• Attendez toujours que le riz ait totalement refroidi avant de le faire sauter, sinon les grains risquent de coller.

Pour les nouilles sautées :

• Choisissez les nouilles selon votre goût. Par composition : nouilles au soja, au riz, au blé... Par type de conditionnement : nouilles fraîches, sèches, instantanées... Par taille : nouilles fines, épaisses...
• Préparez les nouilles à l'avance : faites-les tremper dans de l'eau chaude ou cuire à l'eau bouillante selon les indications mentionnées sur le paquet. Le temps de cuisson des nouilles varie beaucoup suivant leur composition.
• Pour que les nouilles ne collent pas, rincez-les à l'eau courante après cuisson afin d'éliminer le gluten.

Indispensables pour l'assaisonnement :

• **Huile d'arachide (花生油)** : la plus utilisée pour les plats sautés, car elle se marie parfaitement avec tous les ingrédients. Autre choix pour l'huile végétale : colza ou maïs, mais jamais d'huile d'olive ni de beurre.

• **Sauce de soja claire (生抽)** : à base de haricots de soja fermentés, elle est salée et de couleur moins foncée que la sauce de soja foncée (épaisse) (老抽). Cette dernière s'utilise plutôt pour la marinade et donne aux ingrédients un parfum plus corsé et une couleur foncée.

LES PRODUITS

Toutes ces recettes sont typiquement chinoises, les produits nécessaires pour les réaliser se trouvent facilement dans les supermarchés ou les épiceries spécialisés. Pour trouver le détaillant le plus proche de chez vous, connectez-vous sur :

http://www.paris-store.com

Vous pouvez aussi consulter les pages jaunes ou commander sur Internet :

http://www.asiamarche.fr/

INFOS PRATIQUES

Pour toutes questions concernant les recettes de ce livre :
http://latabledesue.blogspot.com

Sue Su

6 Riz sauté au jambon et aux fèves

火腿芸豆炒饭

Préparation
5 minutes
+ la cuisson du riz

Cuisson au wok
5 minutes environ

Ingrédients pour 4 personnes
300 g de riz parfumé
320 g de dés de jambon tout prêts
120 g de fèves crues épluchées surgelées
2 œufs
1 grosse gousse d'ail
4 cuillerées à soupe d'huile d'arachide
Sel

/ Faites décongeler les fèves. Pelez et hachez l'ail.

/ Faites cuire le riz parfumé selon le temps de cuisson indiqué sur le paquet. Égouttez-le et laissez-le refroidir.

/ Dans un bol, battez légèrement les œufs avec 1 cuillerée à soupe d'eau.

/ Dans un wok, faites chauffer 1 cuillerée à soupe d'huile à feu moyen, puis faites cuire la moitié des œufs battus en omelette. Coupez-la en petits morceaux à l'aide d'une spatule. Retirez-les et gardez-les au chaud. Versez 1 cuillerée à soupe d'huile dans le wok et renouvelez l'opération avec le reste d'œufs battus. Réservez au chaud avec le reste de l'omelette.

/ Versez le reste d'huile dans le wok et faites dorer l'ail 15 secondes à feu moyen. Incorporez les dés de jambon et les fèves et faites sauter le tout 1 minute 30 à feu vif en mélangeant.

/ Ajoutez le riz et mélangez le tout pendant 1 minute à feu vif.

/ Remettez les morceaux d'omelette dans le wok et mélangez l'ensemble pendant 30 secondes toujours à feu vif. Salez selon votre goût et servez aussitôt.

Bon à savoir !
En remplaçant les fèves par des petits pois, vous aurez le riz cantonais que l'on déguste le plus souvent dans les restaurants chinois en Occident.

8

Riz sauté à la façon Yangjiang

阳江鹅乸饭

Préparation
15 minutes
+ la cuisson du riz

Cuisson au wok
5 minutes environ

Ingrédients pour 4 personnes
300 g de riz parfumé
250 g de magret de canard cru
80 g de porc haché
80 g de châtaignes d'eau
(ou 60 g de céleri en branches)
4 brins de coriandre fraîche
1 grosse gousse d'ail
4 cuillerées à soupe d'huile d'arachide
Sel

Pour l'assaisonnement
1 cuillerée à café de fécule de maïs
1 morceau de pâte de soja salée
(ou 1 cuillerée à café de sauce
de soja claire)
1 cuillerée à café de sauce de soja
foncée (épaisse)
2 cuillerées à café d'huile de sésame
2 cuillerées à café de sucre semoule

/ Faites cuire le riz parfumé selon le temps de cuisson indiqué sur le paquet. Égouttez-le et laissez-le refroidir.
/ Hachez finement le magret de canard au couteau ou au mixeur.
/ Dans un saladier, mélangez le magret de canard et le porc hachés avec tous les ingrédients de l'assaisonnement. Laissez mariner 10 minutes au réfrigérateur.
/ Pendant ce temps, pelez et hachez l'ail. Ciselez la coriandre. Pelez les châtaignes d'eau et coupez-les en petits dés.
/ Dans un wok, faites chauffer l'huile à feu moyen, puis faites dorer l'ail 15 secondes. Ajoutez le mélange de viandes marinées et faites revenir 3 minutes à feu vif.
/ Incorporez le riz et mélangez pendant 40 secondes.
/ Ajoutez les dés de châtaignes d'eau et mélangez pendant 30 secondes toujours à feu vif.
/ Salez selon votre goût. Parsemez de coriandre et servez aussitôt.

Bon à savoir !
Ce plat très fin est une spécialité de Yangjiang, ville située dans le sud de la province de Guangdong. À Yangjiang, on trouve facilement des restaurants où l'on déguste uniquement ce plat. La recette originale est réalisée avec de la chair d'oie, c'est un peu l'équivalent de notre poule-au-pot.

Riz sauté aux baies de goji

枸杞子炒饭

Préparation
25 minutes
+ la cuisson du riz

Cuisson au wok
5 minutes environ

Ingrédients pour 4 personnes
300 g de riz parfumé
220 g de porc haché
40 g de baies de goji
1 grosse gousse d'ail
4 brins de ciboulette chinoise
(ou de ciboulette classique)
4 cuillerées à soupe d'huile d'arachide
Sel

Pour l'assaisonnement
2 cuillerées à café de vin
de cuisine chinois (ou de vin blanc)
2 cuillerées à café de fécule de maïs
2 cuillerées à café de sauce de soja
foncée (épaisse)
2 cuillerées à café d'huile d'arachide

/ Faites cuire le riz parfumé selon le temps de cuisson indiqué sur le paquet. Égouttez-le et laissez-le refroidir.

/ Faites tremper les baies de goji dans un bol d'eau chaude et laissez-les se réhydrater pendant 20 minutes environ. Égouttez-les à l'aide d'une passoire.

/ Dans un saladier, mélangez le porc haché avec tous les ingrédients de l'assaisonnement. Laissez mariner 10 minutes au réfrigérateur.

/ Pendant ce temps, pelez et hachez l'ail. Ciselez la ciboulette.

/ Dans un wok, faites chauffer l'huile à feu moyen, puis faites dorer l'ail 15 secondes. Ajoutez le porc mariné et faites-le revenir 3 minutes à feu vif.

/ Incorporez les baies de goji et le riz et mélangez le tout pendant 1 minute 30, toujours à feu vif.

/ Parsemez de ciboulette. Salez selon votre goût et servez aussitôt.

Bon à savoir !
La baie de goji est le fruit du lyciet, un arbuste que l'on trouve en Europe méridionale et jusqu'en Asie. C'est une excellente source d'antioxydants. Elle est souvent utilisée par les Chinois dans les plats courants, surtout dans la soupe.

Riz sauté à la façon Guangzhou
广州炒饭

Préparation
15 minutes
+ la cuisson du riz

Cuisson au wok
4 minutes environ

Ingrédients pour 4 personnes
300 g de riz parfumé
120 g de poitrine de porc séchée
(ou 3 saucisses chinoises
ou 120 g de magret de canard fumé)
25 petites écrevisses
(ou 10 grosses crevettes)
4 brins de ciboulette chinoise
(ou de ciboule)
4 cuillerées à soupe d'huile d'arachide
Sel

/ Faites cuire le riz parfumé selon le temps de cuisson indiqué sur le paquet. Égouttez-le et laissez-le refroidir.
/ Faites cuire la poitrine de porc séchée 10 minutes à la vapeur. Laissez-la refroidir puis coupez-la en petits dés.
/ Décortiquez les écrevisses et coupez-les en petits morceaux.
/ Ciselez la ciboulette en séparant la partie blanche de la partie verte.
/ Dans un wok, faites chauffer l'huile, puis faites revenir la partie blanche de la ciboulette 15 secondes à feu moyen. Ajoutez les morceaux d'écrevisses et mélangez pendant 1 minute à feu vif.
/ Incorporez le riz et faites-le sauter 1 minute à feu vif également.
/ Ajoutez les dés de poitrine séchée et mélangez pendant 40 secondes toujours à feu vif.
/ Parsemez la préparation de vert de ciboulette et faites revenir 10 secondes environ à feu vif. Salez selon votre goût et servez aussitôt.

Bon à savoir !
La poitrine de porc séchée est une spécialité cantonaise. Il est préférable de la faire cuire à l'avance – à la vapeur ou au micro-ondes – afin de garder son parfum naturel.

Riz sauté au canard et à l'ananas

菠萝鸭炒饭

Préparation
10 minutes
+ la cuisson du riz

Cuisson au wok
4 minutes environ

Ingrédients pour 4 personnes
300 g de riz parfumé
280 g de magret de canard cru
350 g de chair d'ananas en boîte
(ou 1 petit ananas frais)
4 cuillerées à soupe d'huile d'arachide
Sel

Pour l'assaisonnement
2 cuillerées à café de vin
de cuisine chinois
2 cuillerées à café de fécule de maïs
2 cuillerées à café de sauce de soja
foncée (épaisse)
2 cuillerées à café d'huile d'arachide

/ Faites cuire le riz parfumé selon le temps de cuisson indiqué sur le paquet. Égouttez-le et laissez-le refroidir.
/ Émincez le magret de canard en lanières. Mélangez-les dans un saladier avec tous les ingrédients de l'assaisonnement. Laissez mariner 10 minutes au réfrigérateur.
/ Pendant ce temps, coupez l'ananas en petits dés.
/ Dans un wok, faites chauffer l'huile, puis faites revenir les lanières de magret marinées 2 minutes à feu vif.
/ Incorporez le riz et mélangez l'ensemble rapidement 1 minute à feu vif.
/ Ajoutez les dés d'ananas et mélangez pendant 50 secondes toujours à feu vif.
/ Salez selon votre goût et servez aussitôt.

Bon à savoir !
Vous pouvez remplacer l'ananas par 1 mangue pas trop mûre (300 g). Dans ce cas, ajoutez 1 cuillerée à café de sucre semoule quand vous la faites sauter.

Riz sauté au tofu aux cinq parfums

五香豆腐炒饭

Préparation
10 minutes
+ la cuisson du riz

Cuisson au wok
5 minutes environ

Ingrédients pour 4 personnes
300 g de riz parfumé
160 g de tofu aux cinq parfums (ou tofu nature)
160 g de poitrine de porc (lard nature)
160 g de bok choy (ou de chou chinois)
1 grosse gousse d'ail
4 cuillerées à soupe d'huile d'arachide
Sel

Pour l'assaisonnement
1 cuillerée à café de vin de cuisine chinois
1 morceau de pâte de soja salée (ou 1 cuillerée à café de sauce de soja claire)
2 cuillerées à café de sauce de soja foncée (épaisse)
2 cuillerées à café d'huile d'arachide
1 cuillerée à café de sucre semoule

/ Faites cuire le riz parfumé selon le temps de cuisson indiqué sur le paquet. Égouttez-le et laissez-le refroidir.
/ Émincez la poitrine de porc en lardons. Mélangez-les dans un saladier avec tous les ingrédients de l'assaisonnement. Laissez mariner 10 minutes au réfrigérateur.
/ Pendant ce temps, détaillez le tofu en petits dés. Coupez le bok choy en petits morceaux. Pelez et hachez l'ail.
/ Dans un wok, faites chauffer l'huile à feu moyen, puis faites dorer l'ail 15 secondes. Ajoutez les lardons marinés et faites-les revenir 2 minutes à feu vif.
/ Incorporez les dés de tofu et faites-les sauter 1 minute à feu vif. Ajoutez le bok choy et mélangez pendant 50 secondes à feu vif.
/ Incorporez le riz et faites-le sauter pendant 50 secondes toujours à feu vif.
/ Salez selon votre goût et servez aussitôt.

Bon à savoir !
Le bok choy est un légume à feuilles de la famille des choux très apprécié par les Chinois. On l'appelle aussi « petit chou blanc de Shanghai ».

Riz sauté au poisson fumé et au poulet

咸鱼鸡粒炒饭

Préparation
12 minutes
+ la cuisson du riz

Cuisson au wok
4 minutes environ

Ingrédients pour 4 personnes
300 g de riz parfumé
120 g de filet de hareng fumé
200 g de blanc de poulet
160 g de laitue iceberg
ou de cœurs de laitue
2 œufs
8 gouttes de sauce de poisson
4 cuillerées à soupe d'huile d'arachide

Pour l'assaisonnement
2 cuillerées à café de vin
de cuisine chinois
2 cuillerées à café de fécule de maïs
1 cuillerée à café de sauce de soja claire
2 cuillerées à café d'huile d'arachide
2 cuillerées à café de sucre semoule

/ Faites cuire le riz parfumé selon le temps de cuisson indiqué sur le paquet. Égouttez-le et laissez-le refroidir.

/ Coupez le blanc de poulet en petits dés. Mélangez-les dans un saladier avec tous les ingrédients de l'assaisonnement. Laissez mariner 10 minutes au réfrigérateur.

/ Pendant ce temps, coupez la laitue en lanières. Coupez le filet de hareng en petits dés.

/ Dans un bol, battez légèrement les œufs avec 1 cuillerée à soupe d'eau.

/ Dans un wok, faites chauffer 2 cuillerées à soupe d'huile à feu moyen, puis faites cuire la moitié des œufs battus en omelette. Coupez-la en petits morceaux à l'aide d'une spatule. Retirez-les et gardez-les au chaud. Versez 1 cuillerée à soupe d'huile dans le wok et renouvelez l'opération avec le reste d'œufs battus. Réservez au chaud avec le reste de l'omelette.

/ Dans le wok, faites dorer légèrement les dés de poulet marinés avec 1 cuillerée à soupe d'huile 2 minutes à feu vif. Retirez-les et réservez-les au chaud.

/ Versez le reste d'huile dans le wok et faites-y dorer les dés de hareng 30 secondes à feu vif. Incorporez le riz et mélangez pendant 40 secondes à feu vif.

/ Remettez les morceaux d'omelette et le poulet dans le wok. Mélangez bien le tout. Incorporez la laitue et faites chauffer 15 secondes à feu vif en remuant. Ajoutez 8 gouttes de sauce de poisson et servez aussitôt.

Riz sauté aux chanterelles

鸡油菌炒饭

Préparation
10 minutes
+ la cuisson du riz

Cuisson au wok
5 minutes environ

Ingrédients pour 4 personnes
300 g de riz parfumé
200 g de chanterelles fraîches
(ou de champignons de Paris)
200 g de filet de porc
1 grosse gousse d'ail
4 cuillerées à soupe d'huile d'arachide
Sel

Pour l'assaisonnement
2 cuillerées à café de vin
de cuisine chinois
1 cuillerée à café de fécule de maïs
2 cuillerées à café de sauce de soja claire
1 cuillerée à café de sauce de soja
foncée (épaisse)
2 cuillerées à café d'huile d'arachide

/ Faites cuire le riz parfumé selon le temps de cuisson indiqué sur le paquet. Égouttez-le et laissez-le refroidir.

/ Coupez le porc en fines lamelles. Mélangez-les dans un saladier avec tous les ingrédients de l'assaisonnement. Laissez mariner 10 minutes au réfrigérateur.

/ Pendant ce temps, nettoyez soigneusement les chanterelles et taillez-les en allumettes. Pelez et hachez l'ail.

/ Dans un wok, faites chauffer l'huile à feu moyen, puis faites dorer l'ail 15 secondes. Ajoutez le porc mariné et faites-le revenir 3 minutes à feu vif.

/ Incorporez les chanterelles et mélangez pendant 50 secondes à feu vif.

/ Ajoutez le riz et faites-le sauter 50 secondes toujours à feu vif. Salez selon votre goût et servez aussitôt.

Bon à savoir !
Les Chinois adorent les champignons ! Ils en mettent partout : dans la soupe, les plats sautés, les gâteaux… et aussi dans la sauce de soja épaisse !

Riz sauté au crabe

蟹肉炒饭

Préparation
10 minutes
+ la cuisson du riz

Cuisson au wok
3 minutes environ

Ingrédients pour 4 personnes
300 g de riz parfumé
200 g de chair de crabe en boîte
100 g de porc haché
10 brins de ciboulette chinoise (ou de ciboule)
1 cuillerée à soupe de gingembre frais râpé
4 cuillerées à soupe d'huile d'arachide
Sel

Pour l'assaisonnement
2 cuillerées à café de vin de cuisine chinois
1 cuillerée à café de fécule de maïs
1 cuillerée à café de sauce de soja claire
2 cuillerées à café d'huile d'arachide
1 cuillerée à café de sucre semoule

/ Faites cuire le riz parfumé selon le temps de cuisson indiqué sur le paquet. Égouttez-le et laissez-le refroidir.
/ Dans un saladier, mélangez le porc haché avec tous les ingrédients de l'assaisonnement. Laissez mariner 10 minutes au réfrigérateur.
/ Pendant ce temps, coupez la ciboulette en brins de 2 cm de long.
/ Dans un wok, faites dorer le gingembre avec 2 cuillerées à soupe d'huile 20 secondes à feu moyen. Ajoutez la chair de crabe égouttée et la ciboulette et faites-les revenir 1 minute à feu vif. Retirez le tout et réservez au chaud.
/ Versez le reste d'huile dans le wok et faites revenir le porc mariné 1 minute à feu vif. Incorporez le riz et mélangez pendant 40 secondes à feu vif.
/ Remettez la chair de crabe dans le wok et mélangez l'ensemble 15 secondes toujours à feu vif. Salez selon votre goût et servez aussitôt.

Bon à savoir !
Ajoutez quelques gouttes de sauce de poisson au dernier moment, ce sera encore meilleur !

Riz sauté aux crevettes séchées

虾米炒饭

Préparation
15 minutes
+ la cuisson du riz

Cuisson au wok
3 minutes environ

Ingrédients pour 4 personnes
300 g de riz parfumé
150 g de crevettes séchées
1 gros oignon
Quelques brins de coriandre (pour la déco)
Quelques gouttes de sauce de poisson
4 cuillerées à soupe d'huile d'arachide
Poivre du moulin

/ Faites cuire le riz parfumé selon le temps de cuisson indiqué sur le paquet. Égouttez-le et laissez-le refroidir.

/ Faites tremper les crevettes séchées dans un bol d'eau chaude et laissez-les se réhydrater pendant 15 minutes environ.

/ Pendant ce temps, pelez l'oignon et coupez-le en petits dés. Effeuillez la coriandre.

/ Dans un wok, faites chauffer l'huile à feu moyen, puis faites dorer l'oignon 45 secondes. Ajoutez les crevettes séchées égouttées et mélangez pendant 1 minute environ à feu vif.

/ Incorporez le riz et continuez de mélanger pendant 50 secondes à feu vif.

/ Selon votre goût, ajoutez quelques gouttes de sauce de poisson et poivrez.

/ Parsemez de coriandre et servez aussitôt.

Bon à savoir !
Si vous n'aimez pas le goût de la sauce de poisson, remplacez-la par du sel. Attention, les crevettes séchées cuites sont légèrement salées !

Riz sauté au poulet et au chou rouge

鸡丝红椰菜炒饭

Préparation
10 minutes
+ la cuisson du riz

Cuisson au wok
4 minutes environ

Ingrédients pour 4 personnes
300 g de riz parfumé
280 g de blanc de poulet
150 g de chou rouge
1 cuillerée à café de sauce de soja foncée (épaisse)
4 cuillerées à soupe d'huile d'arachide
Sel, poivre du moulin

Pour l'assaisonnement
2 cuillerées à café de vin de cuisine chinois
2 cuillerées à café de fécule de maïs
1 cuillerée à café de sauce de soja claire
2 cuillerées à café d'huile de sésame

/ Faites cuire le riz parfumé selon le temps de cuisson indiqué sur le paquet. Égouttez-le et laissez-le refroidir.
/ Coupez le blanc de poulet en fines lanières. Mélangez-les dans un saladier avec tous les ingrédients de l'assaisonnement. Laissez mariner 10 minutes au réfrigérateur.
/ Pendant ce temps, coupez le chou rouge en très fines lanières.
/ Dans un wok, faites chauffer 2 cuillerées à soupe d'huile, puis faites revenir les lanières de poulet marinées 2 minutes à feu vif. Retirez-les et gardez-les au chaud.
/ Baissez le feu, versez le reste d'huile et la sauce de soja dans le wok. Laissez infuser quelques secondes puis augmentez le feu. Incorporez le riz et faites-le sauter 40 secondes à feu vif.
/ Ajoutez les lanières de chou rouge et faites-les revenir 30 secondes à feu vif.
/ Remettez les lanières de poulet dans le wok et mélangez l'ensemble pendant 30 secondes toujours à feu vif. Salez et poivrez selon votre goût. Servez aussitôt.

Bon à savoir !
Vous pouvez remplacer le chou rouge par du chou chinois ou des lamelles de poivron rouge.

Riz sauté au veau et aux tomates

番茄小牛肉炒饭

Préparation
10 minutes
+ la cuisson du riz

Cuisson au wok
4 minutes environ

Ingrédients pour 4 personnes
300 g de riz parfumé
2 tomates
300 g de veau haché
1 petit oignon
4 cuillerées à soupe d'huile d'arachide
1 cuillerée à café de sucre semoule
Sel

Pour l'assaisonnement
2 cuillerées à café de vin de cuisine chinois
1 cuillerée à café de fécule de maïs
1 cuillerée à café de sauce de soja foncée (épaisse)
2 cuillerées à café d'huile d'arachide
1 cuillerée à café de sucre semoule

/ Faites cuire le riz parfumé selon le temps de cuisson indiqué sur le paquet. Égouttez-le et laissez-le refroidir.

/ Dans un saladier, mélangez le veau haché avec tous les ingrédients de l'assaisonnement. Laissez mariner 10 minutes au réfrigérateur.

/ Pendant ce temps, épluchez et émincez l'oignon. Coupez les tomates en deux, retirez la pulpe et les graines puis coupez la chair en morceaux.

/ Dans un wok, faites chauffer 2 cuillerées à soupe d'huile à feu moyen, puis faites revenir la viande marinée 2 minutes à feu vif. Incorporez le riz et remuez pendant 30 secondes. Enlevez le tout du wok et réservez au chaud.

/ Faites chauffer le reste d'huile dans le wok, puis faites dorer l'oignon 30 secondes à feu moyen. Ajoutez la chair des tomates et le sucre. Mélangez le tout pendant 30 secondes environ à feu vif.

/ Remettez le veau et le riz dans le wok et mélangez 10 secondes toujours à feu vif. Salez selon votre goût et servez aussitôt.

Bon à savoir !
Le sucre adoucit l'acidité des tomates. Ce plat, très populaire en Chine, se prépare également avec du bœuf haché.

Riz sauté à la ciboule

韭花鱼香炒饭

Préparation
2 minutes
+ la cuisson du riz

Cuisson au wok
3 minutes environ

Ingrédients pour 4 personnes
300 g de riz parfumé
40 brins de ciboule chinoise avec boutons
200 g de haddock fumé
1 grosse gousse d'ail
1 cuillerée à soupe de gingembre frais râpé
2 cuillerées à café de vin de cuisine chinois
3 cuillerées à soupe d'huile d'arachide
1 cuillerée à café de sucre semoule

/ Faites cuire le riz parfumé selon le temps de cuisson indiqué sur le paquet. Égouttez-le et laissez-le refroidir.
/ Coupez le haddock fumé en petits dés.
/ Coupez l'extrémité des tiges de ciboule avec les boutons en petits brins de 6 cm de long.
/ Pelez et hachez l'ail.
/ Dans un wok, faites chauffer l'huile à feu moyen, puis faites dorer l'ail et le gingembre 20 secondes à feu vif.
/ Ajoutez les dés de haddock et le vin de cuisine chinois. Faites revenir le tout 1 minute 30 à feu vif.
/ Incorporez le riz et le sucre puis faites cuire 30 secondes à feu vif en mélangeant.
/ Ajoutez la ciboule et faites revenir 20 secondes toujours à feu vif. Servez aussitôt.

Bon à savoir !
On mange les boutons de ciboule chinoise avec une partie de la tige. À Canton, on l'appelle la « ciboule de printemps », saison durant laquelle elle est très tendre. Après floraison de la ciboule, on ne la mange plus car les tiges et les fleurs deviennent plus dures. Dans d'autres provinces, on la récolte aussi en automne. Le haddock fumé étant assez salé, il est inutile d'ajouter du sel.

Riz tricolore sauté au gingembre
三色姜香炒饭

Préparation
3 minutes
+ la cuisson du riz

Cuisson au wok
4 minutes environ

Ingrédients pour 4 personnes
300 g de riz tricolore
6 cuillerées à soupe de gingembre frais râpé
2 cuillerées à café de sauce d'huître (oyster sauce)
4 cuillerées à soupe d'huile d'arachide
Sel

/ Faites cuire le riz tricolore selon le temps de cuisson indiqué sur le paquet. Égouttez-le et laissez-le refroidir.
/ Dans un wok, faites chauffer l'huile à feu moyen puis faites revenir le gingembre avec la sauce d'huître 40 secondes environ.
/ Incorporez le riz et mélangez pendant 3 minute à feu vif.
/ Salez selon votre goût et servez aussitôt.

Bon à savoir !
Une recette très diététique ! Pour un riz un peu plus corsé, augmentez la quantité de gingembre. Cette recette est délicieuse avec du poisson.

Riz sauté aux fruits du dragon

火龙果炒饭

Préparation
5 minutes
+ la cuisson du riz

Cuisson au wok
3 minutes environ

Ingrédients pour 4 personnes
300 g de riz parfumé
2 fruits du dragon de taille moyenne (200 g de chair)
10 tranches fines de bacon (120 g)
2 brins de ciboulette chinoise (ou de ciboule)
3 cuillerées à soupe d'huile d'arachide
Sel

/ Faites cuire le riz parfumé selon le temps de cuisson indiqué sur le paquet. Égouttez-le et laissez-le refroidir.
/ Évidez les fruits du dragon et coupez leur chair en petits dés.
/ Coupez le bacon en petits morceaux. Ciselez la ciboulette.
/ Dans un wok, faites chauffer l'huile à feu moyen, puis faites revenir les morceaux de bacon 30 secondes à feu vif.
/ Incorporez le riz et mélangez le tout 1 minute à feu vif. Ajoutez les dés de fruit du dragon et mélangez sans cesse pendant 15 secondes toujours à feu vif.
/ Salez selon votre goût. Parsemez de ciboulette et servez aussitôt.

Bon à savoir !
Le fruit du dragon – appelé aussi pitaya ou pitahaya – est issu de différentes espèces de cactus d'Amérique centrale. Son goût légèrement sucré ressemble un peu à celui de la pastèque. Il se marie parfaitement avec le bacon. Vous pouvez servir cette recette directement dans le fruit évidé.

Vermicelles sautés à la cantonaise

炒牛河

Préparation
10 minutes

Cuisson au wok
6 minutes environ

Ingrédients pour 4 personnes
400 g de vermicelles de riz frais
300 g de viande de bœuf
6 brins de ciboulette chinoise (ou de ciboule)
2 cuillerées à soupe de sauce de soja claire
1 cuillerée à café de poudre pour soupe au poulet (ou ½ cube de bouillon de poulet émietté)
3 cuillerées à soupe d'huile d'arachide
Sel

Pour l'assaisonnement
1 cuillerée à café de fécule de maïs
2 cuillerées à café de vin de cuisine chinois
2 cuillerées à café de sauce de soja foncée (épaisse)
2 cuillerées à café de sauce de soja claire
2 cuillerées à café d'huile d'arachide
½ cuillerée à café de sucre semoule
½ cuillerée à café de poivre moulu

/ Émincez le bœuf en fines lamelles. Mélangez-les dans un saladier avec tous les ingrédients de l'assaisonnement. Laissez mariner 10 minutes au réfrigérateur.

/ Pendant ce temps, coupez la ciboulette en brins de 2 cm de long en séparant le vert du blanc.

/ Faites tremper les vermicelles dans un récipient d'eau chaude (mais pas bouillante) 5 minutes environ. Égouttez-les, passez-les sous l'eau froide et égouttez-les à nouveau.

/ Dans un wok, faites chauffer 2 cuillerées à soupe d'huile à feu moyen, puis faites sauter les lamelles de bœuf marinées 4 minutes environ à feu vif. Retirez-les du wok et réservez-les au chaud.

/ Ajoutez le reste d'huile dans le wok et faites revenir le blanc de la ciboulette pendant 15 secondes à feu vif. Incorporez les vermicelles, la sauce de soja, la poudre pour soupe au poulet et 2 cuillerées à soupe d'eau. Faites revenir le tout 1 minute 30 à feu vif.

/ Remettez les lamelles de bœuf dans le wok et ajoutez le vert de la ciboulette. Faites revenir 30 secondes toujours à feu vif et salez selon votre goût.

/ Servez aussitôt.

Bon à savoir !
C'est la recette la plus populaire à Guangdong, province du sud de la Chine.

Vermicelles sautés au poulet
炒三丝

Préparation
25 minutes

Cuisson au wok
6 minutes environ

Ingrédients pour 4 personnes
300 g de vermicelles de soja secs
320 g de blanc de poulet
20 g d'allumettes de champignons noirs séchés
2 brins de ciboulette chinoise (ou de ciboule)
1 grosse gousse d'ail
1 piment rouge (pour la déco)
2 cuillerées à café de sauce de soja claire
4 cuillerées à soupe d'huile d'arachide
Sel

Pour l'assaisonnement
2 cuillerées à café de fécule de maïs
2 cuillerées à café de vin de cuisine chinois
2 cuillerées à café d'huile de sésame

/ Faites tremper les vermicelles dans un récipient d'eau chaude (mais pas bouillante) pendant 10 à 13 minutes.
/ Pendant ce temps, faites ramollir les champignons séchés dans un bol d'eau chaude pendant 15 minutes.
/ Égouttez les vermicelles, passez-les sous l'eau froide et égouttez-les à nouveau. Égouttez les champignons et essorez-les entre vos mains.
/ Coupez le blanc de poulet en petites allumettes. Mélangez-les dans un saladier avec tous les ingrédients de l'assaisonnement. Laissez mariner 10 minutes au réfrigérateur.
/ Pendant ce temps, pelez et hachez l'ail. Coupez la ciboulette en brins de 2 cm de long. Épépinez le piment et émincez-le.
/ Dans un wok, faites chauffer l'huile à feu moyen, puis faites dorer l'ail 15 secondes.
/ Incorporez les allumettes de poulet marinées et les champignons. Ajoutez la sauce de soja et faites chauffer 4 minutes à feu vif en mélangant.
/ Incorporez les vermicelles et faites-les sauter 1 minute 30 à feu vif. Ajoutez la ciboulette et faites revenir 10 secondes toujours à feu vif. Salez selon votre goût.
/ Répartissez la préparation dans des assiettes et parsemez de piment rouge.
/ Servez aussitôt.

Vermicelles sautés aux crevettes

香辣虾炒桂林米粉

Préparation
15 minutes

Cuisson au wok
3 minutes environ

Ingrédients pour 4 personnes
240 g de vermicelles de riz de Guilin (ou vermicelles de riz secs)
200 g de crevettes roses cuites décortiquées
4 cuillerées à soupe de haricots noirs en sauce pimentée
1 grosse gousse d'ail
2 cuillerées à soupe de sauce de soja claire
3 cuillerées à soupe d'huile d'arachide

Pour l'assaisonnement
1 cuillerée à café de fécule de maïs
2 cuillerées à café de vin de cuisine chinois
2 cuillerées à café d'huile d'arachide

/ Dans un saladier, mélangez les crevettes avec tous les ingrédients de l'assaisonnement. Laissez mariner 10 minutes au réfrigérateur.

/ Pendant ce temps, faites cuire les vermicelles dans une casserole d'eau bouillante pendant 10 minutes environ à feu moyen. Égouttez-les, passez-les sous l'eau froide et égouttez-les à nouveau.

/ Pelez et hachez l'ail.

/ Dans un wok, faites chauffer 2 cuillerées à soupe d'huile à feu moyen, puis faites dorer l'ail 15 secondes. Ajoutez les vermicelles et faites-les sauter 1 minute 30 à feu vif. Répartissez-les dans des assiettes et gardez-les au chaud.

/ Versez le reste d'huile dans le wok ainsi que les haricots noirs en sauce. Mélangez 20 secondes à feu vif.

/ Incorporez les crevettes marinées et mélangez pendant 40 secondes à feu vif. Ajoutez la sauce de soja et mélangez bien.

/ Répartissez les crevettes sur les vermicelles et servez aussitôt.

Bon à savoir !
Cette recette est originaire de Guilin, une ville située dans la province de Guangxi au sud de la Chine. Ses vermicelles sont aussi réputés que les paysages de collines et rizières alentour. Les haricots noirs en sauce ont un goût épais, pimenté et salé. Vous les trouverez facilement dans les magasins asiatiques ; la marque Laoganma® est la plus connue.

Nouilles sautées aux saucisses

香肠炒面

Préparation
7 minutes

Cuisson au wok
4 minutes environ

Ingrédients pour 4 personnes
360 g de nouilles de blé fraîches
4 saucisses chinoises (ou à défaut des saucisses de Strasbourg)
160 g de céleri en branches
1 brin de ciboulette chinoise
1 cuillerée à soupe de sauce d'huître (oyster sauce)
2 cuillerées à soupe d'huile d'arachide
Sel

/ Coupez les saucisses en tranches de 2 mm d'épaisseur environ. Réservez quelques tranches pour la déco. Émincez le céleri et ciselez la ciboulette.

/ Faites cuire les nouilles dans une casserole d'eau bouillante 5 minutes environ à feu moyen. Égouttez-les, passez-les sous l'eau froide et égouttez-les à nouveau.

/ Dans un wok, faites chauffer l'huile d'arachide et la sauce d'huître pendant 15 secondes environ à feu moyen. Ajoutez les tranches de saucisses et le céleri et faites sauter le tout 1 minute 30 à feu vif.

/ Ajoutez les nouilles et faites-les sauter 1 minute 30 toujours à feu vif. Salez selon votre goût.

/ Répartissez la préparation dans des assiettes ou des bols, décorez de tranches de saucisses et de ciboulette. Servez aussitôt.

Bon à savoir !
Généralement, les saucisses chinoises sont séchées à l'air. De couleur rouge foncé, leur goût est très doux. On les trouve dans les magasins asiatiques.

Nouilles sautées au saumon
三文鱼炒面

Préparation
8 minutes

Cuisson au wok
4 minutes environ

Ingrédients pour 4 personnes
240 g de nouilles de blé sèches
200 g de saumon frais
120 g de brocoli
4 cuillerées à soupe de sauce de soja claire
3 cuillerées à soupe d'huile d'arachide
Poivre du moulin

/ Faites cuire les nouilles dans une casserole d'eau bouillante 6 minutes environ à feu moyen. Égouttez-les, passez-les sous l'eau froide et égouttez-les à nouveau.

/ Coupez le saumon en fines lamelles. Détaillez le brocoli en petits bouquets.

/ Dans un wok, faites chauffer l'huile à feu moyen, puis faites revenir les lamelles de saumon avec la sauce de soja 1 minute 30 environ à feu vif.

/ Incorporez les nouilles et le brocoli, puis faites sauter le tout pendant 2 minutes toujours à feu vif.

/ Poivrez et servez aussitôt.

Bon à savoir !
Vous pouvez ajouter quelques gouttes de sauce de poisson à cette recette et/ou remplacer le saumon par le poisson de votre choix ou des crevettes.

Vermicelles sautés aux champignons

鸡丝香菇炒河粉

Préparation
25 minutes

Cuisson au wok
6 minutes environ

Ingrédients pour 4 personnes
400 g de vermicelles de riz frais
160 g de champignons parfumés séchés (ou d'allumettes de champignons noirs séchés)
240 g de blanc de poulet
2 brins de ciboulette chinoise (ou de ciboule)
1 grosse gousse d'ail
4 cuillerées à soupe d'huile d'arachide
Sel

Pour l'assaisonnement
1 ½ cuillerée à café de fécule de maïs
2 cuillerées à café de vin de cuisine chinois
2 cuillerées à soupe de sauce de soja claire
2 cuillerées à café d'huile d'arachide

/ Faites ramollir les champignons séchés (ou les allumettes de champignons noirs) dans un bol d'eau chaude pendant 15 minutes.
/ Pendant ce temps, faites tremper les vermicelles dans un récipient d'eau chaude (mais pas bouillante) pendant 5 minutes. Égouttez-les, passez-les sous l'eau froide et égouttez-les à nouveau.
/ Essorez les champignons entre vos mains et coupez-les en fines lamelles.
/ Coupez le blanc de poulet en lamelles. Mélangez-les dans un saladier avec tous les ingrédients de l'assaisonnement. Laissez mariner 10 minutes au réfrigérateur.
/ Pendant ce temps, ciselez la ciboulette. Pelez et hachez l'ail.
/ Dans un wok, faites chauffer l'huile à feu moyen, puis faites dorer l'ail 15 secondes. Ajoutez les lamelles de poulet marinées et les champignons réhydratés. Mélangez le tout pendant 4 minutes environ à feu vif.
/ Incorporez les vermicelles et faites-les revenir pendant 1 minute 30 à feu vif. Salez selon votre goût.
/ Répartissez la préparation dans des assiettes ou des bols et parsemez de ciboulette.
/ Servez aussitôt.

Bon à savoir !
Les vermicelles de riz sont meilleurs frais.
Ils sont très populaires dans la province de Guangdong au sud de la Chine.

Nouilles sautées aux Saint-Jacques

鲜贝炒面

Préparation
7 minutes

Cuisson au wok
5 minutes environ

Ingrédients pour 4 personnes
240 g de nouilles instantanées soit 4 paquets (n'utilisez pas les petits sachets de poudre)
24 noix de Saint-Jacques avec corail fraîches, ou surgelées et décongelées
1 grosse gousse d'ail
4 brins de coriandre
4 cuillerées à café de sauce de poisson
1 cuillerée à café de vinaigre chinois
4 cuillerées à soupe d'huile d'arachide
1 cuillerée à café de sucre semoule

/ Égouttez les noix de Saint-Jacques et essuyez-les avec du papier absorbant. Enfilez-les par trois sur des piques en bambou ou en bois.

/ Émincez la coriandre. Pelez et hachez l'ail.

/ Faites cuire les nouilles dans une casserole d'eau bouillante 4 minutes environ à feu moyen. Égouttez-les, passez-les sous l'eau froide et égouttez-les à nouveau.

/ Dans un wok, faites dorer la moitié de l'ail avec 2 cuillerées à soupe d'huile 15 secondes à feu moyen. Ajoutez les brochettes de Saint-Jacques et faites-les dorer 30 secondes de chaque côté à feu vif. Arrosez-les de vinaigre et de 2 cuillerées à café de sauce de poisson, puis saupoudrez de sucre. Faites mijoter 2 minutes environ à feu doux. Retirez les brochettes du wok et réservez-les au chaud.

/ Versez le reste d'huile dans le wok et faites dorer l'ail restant 15 secondes à feu moyen. Ajoutez les nouilles et faites-les sauter pendant 1 minute à feu vif. Arrosez avec le reste de sauce de poisson et mélangez pendant 10 secondes à feu vif. Éteignez le feu puis incorporez les brins de coriandre. Mélangez le tout quelques secondes.

/ Répartissez les nouilles dans des assiettes ou des bols et placez 2 brochettes de Saint-Jacques par-dessus. Servez aussitôt.

Bon à savoir !
Inutile de saler ce plat, la sauce de poisson suffit.

Nouilles sautées au bœuf et au soja
豆芽牛肉炒面

Préparation
10 minutes

Cuisson au wok
5 minutes environ

Ingrédients pour 4 personnes
360 g de nouilles de blé fraîches
240 g de viande de bœuf
120 g de germes de soja
4 brins de ciboulette chinoise (ou de ciboule)
4 cuillerées à soupe d'huile d'arachide
Sel

Pour l'assaisonnement
2 cuillerées à café de vin de cuisine chinois
3 cuillerées à soupe de sauce de soja foncée (épaisse)
1 cuillerée à café de sucre semoule

/ Émincez le bœuf en fines lanières. Mélangez-les dans un saladier avec les ingrédients de l'assaisonnement. Laissez mariner 10 minutes au réfrigérateur.

/ Pendant ce temps, faites cuire les nouilles dans une casserole d'eau bouillante 5 minutes environ à feu moyen. Égouttez-les, passez-les sous l'eau froide et égouttez-les à nouveau.

/ Coupez la ciboulette en brins de 2 cm de long.

/ Dans un wok, faites chauffer 2 cuillerées à soupe d'huile à feu moyen, puis faites sauter les lanières de bœuf marinées 3 minutes à feu vif. Ajoutez les germes de soja et mélangez l'ensemble 20 secondes à feu vif. Retirez le tout du wok et réservez au chaud.

/ Versez le reste d'huile dans le wok puis faites sauter les nouilles pendant 1 minute environ à feu vif. Remettez le mélange bœuf-germes de soja dans le wok et ajoutez la ciboulette. Faites revenir le tout pendant 30 secondes à feu vif.

/ Salez selon votre goût et servez aussitôt.

Bon à savoir !
Ce plat est typiquement cantonais.

Vermicelles sautés végétariens

斋炒河粉

Préparation
6 minutes

Cuisson au wok
4 minutes environ

Ingrédients pour 4 personnes
400 g de vermicelles de riz frais
½ courgette
1 carotte
1 oignon rouge
1 grosse gousse d'ail
2 cuillerées à café de sauce de soja claire
4 cuillerées à soupe d'huile d'arachide
Sel

/ Faites tremper les vermicelles dans un récipient d'eau chaude (mais pas bouillante) 5 minutes environ. Égouttez-les, passez-les sous l'eau froide et égouttez-les à nouveau.

/ Coupez la courgette, l'oignon et la carotte en longues et fines lamelles (julienne).

/ Pelez et hachez l'ail.

/ Dans un wok, faites chauffer 2 cuillerées à soupe d'huile à feu moyen, puis faites dorer l'ail 15 secondes toujours à feu moyen en mélangeant.

/ Ajoutez la julienne de légumes et faites revenir l'ensemble 1 minute à feu vif. Retirez le tout du wok et gardez au chaud.

/ Versez le reste d'huile et la sauce de soja dans le wok puis faites sauter les vermicelles pendant 1 minute 30 à feu vif.

/ Incorporez la julienne de légumes et remuez l'ensemble pendant 30 secondes, toujours à feu vif.

/ Salez selon votre goût et servez aussitôt.

Bon à savoir !
C'est un des plats les plus populaires à Canton, en Chine. Il est très apprécié des Cantonais, petits et grands.

Nouilles sautées au bœuf et au gingembre 牛肉姜丝炒面

Préparation
12 minutes

Cuisson au wok
6 minutes environ

Ingrédients pour 4 personnes
240 g de nouilles de blé sèches
300 g de viande de bœuf
20 g de gingembre frais
8 brins de ciboulette chinoise
2 cuillerées à café de poudre pour soupe au poulet (ou 1 cube de bouillon de poulet émietté)
2 cuillerées à soupe de sauce d'huître (oyster sauce)
2 cuillerées à café d'huile de sésame
2 cuillerées à soupe d'huile d'arachide
Sel

Pour l'assaisonnement
2 cuillerées à café de fécule de maïs
2 cuillerées à café de sauce de soja claire
1 cuillerée à café de sauce de soja foncée (épaisse)
1 cuillerée à soupe de vin de cuisine chinois
1 cuillerée à café de sucre semoule

/ Émincez le bœuf en fines lamelles. Mélangez-les dans un saladier avec tous les ingrédients de l'assaisonnement. Laissez mariner 10 minutes au réfrigérateur.

/ Pendant ce temps, faites cuire les nouilles dans une casserole d'eau bouillante 10 minutes environ à feu moyen. Égouttez-les, passez-les sous l'eau froide et égouttez-les à nouveau.

/ Pelez et émincez le gingembre en fines lamelles. Séparez la partie blanche et la partie verte de la ciboulette. Coupez-les en brins de 3 cm de long.

/ Dans un wok, faites revenir la partie blanche de la ciboulette et le gingembre avec l'huile d'arachide 20 secondes à feu moyen. Ajoutez les lamelles de bœuf marinées et faites-les sauter 3 minutes environ à feu vif. À la fin de la cuisson, incorporez la partie verte de la ciboulette et mélangez 10 secondes à feu vif. Retirez l'ensemble du wok et gardez au chaud.

/ Dans un bol, mélangez la sauce d'huître, l'huile de sésame, la poudre pour soupe au poulet et 2 cuillerées à soupe d'eau. Versez ce mélange dans le wok et faites chauffer 15 secondes à feu moyen. Incorporez les nouilles et mélangez-les pendant 1 minute 30 à feu vif. Salez selon votre goût.

/ Répartissez les nouilles et le bœuf dans des assiettes ou des bols. Servez aussitôt.

Nouilles sautées à la sauce satay

沙爹牛肉炒面

Préparation
15 minutes

Cuisson au wok
6 minutes environ

Ingrédients pour 4 personnes
340 g de nouilles de blé fraîches
240 g de viande de bœuf
120 g de céleri en branches
1 cuillerée à soupe de graines de sésame blanc
2 cuillerées à soupe de sauce satay
2 cuillerées à café de sauce de soja claire
2 cuillerées à soupe d'huile d'arachide
Sel

Pour l'assaisonnement
1 cuillerée à café de fécule de maïs
2 cuillerées à café de sauce de soja foncée (épaisse)
2 cuillerées à café de vin de cuisine chinois

/ Coupez le bœuf en fines lanières. Mélangez-les dans un saladier avec tous les ingrédients de l'assaisonnement. Laissez mariner 10 minutes au réfrigérateur.

/ Pendant ce temps, faites cuire les nouilles dans une casserole d'eau bouillante 5 minutes environ à feu moyen. Égouttez-les, passez-les sous l'eau froide et égouttez-les à nouveau.

/ Coupez le céleri en fines allumettes.

/ Dans un wok, faites chauffer l'huile d'arachide à feu moyen, puis faites sauter les lanières de bœuf marinées 3 minutes environ à feu vif. Retirez-les du wok et réservez-les au chaud.

/ Versez la sauce satay et la sauce de soja claire dans le wok et faites revenir 15 secondes à feu moyen. Ajoutez les nouilles et le céleri et mélangez le tout 2 minutes à feu vif.

/ Remettez le bœuf dans le wok et faites revenir l'ensemble pendant 40 secondes, toujours à feu vif. Salez selon votre goût.

/ Répartissez la préparation dans des assiettes ou des bols et parsemez de graines de sésame.

/ Servez aussitôt.

Bon à savoir !
À base d'arachide, de pâte de crevettes salée et de pâte de sésame, la sauce satay est aussi utilisée pour le barbecue.

Nouilles sautées à la façon Muxu

木须肉炒面

Préparation
20 minutes

Cuisson au wok
6 minutes environ

Ingrédients pour 4 personnes
240 g de nouilles instantanées soit 4 paquets (n'utilisez pas les petits sachets de poudre)
200 g de filet de porc
40 g de champignons noirs séchés
60 g de pois gourmands
2 œufs
1 grosse gousse d'ail
4 cuillerées à soupe d'huile d'arachide
Sel

Pour l'assaisonnement
2 cuillerées à café de vin de cuisine chinois
1 cuillerée à café de fécule de maïs
2 cuillerées à soupe de sauce de soja claire
1 cuillerée à café de sucre semoule

/ Faites ramollir les champignons séchés dans un bol d'eau chaude pendant 15 minutes.

/ Pendant ce temps, émincez le porc en lanières. Mélangez-les dans un saladier avec tous les ingrédients de l'assaisonnement. Laissez mariner 10 minutes au réfrigérateur.

/ Faites cuire les nouilles dans une casserole d'eau bouillante 2 minutes environ à feu moyen. Égouttez-les, passez-les sous l'eau froide et égouttez-les à nouveau.

/ Dans un bol, battez légèrement les œufs en omelette avec 1 cuillerée à soupe d'eau.

/ Coupez les pois gourmands en lamelles. Pelez et hachez l'ail.

/ Égouttez les champignons entre vos mains et coupez-les en petits morceaux.

/ Faites chauffer un wok à feu moyen. Versez 2 cuillerées à soupe d'huile, puis versez délicatement les œufs battus dans le wok afin de former une fine omelette. Lorsque celle-ci est cuite, coupez-la en petits morceaux à l'aide d'une spatule. Retirez-les du wok et réservez-les au chaud.

/ Faites chauffer le reste d'huile dans le wok puis faites dorer l'ail 15 secondes à feu moyen. Ajoutez le porc mariné et faites-le sauter 3 minutes à feu vif. Incorporez les champignons réhydratés et les pois gourmands, puis faites revenir l'ensemble 1 minute à feu vif.

/ Ajoutez les nouilles et les morceaux d'omelette. Mélangez le tout pendant 1 minute toujours à feu vif. Salez à votre goût et servez aussitôt.

Vermicelles sautés à la sauce barbecue

沙茶牛肉炒河粉

Préparation
10 minutes

Cuisson au wok
6 minutes environ

Ingrédients pour 4 personnes
400 g de vermicelles de riz frais
280 g de viande de bœuf
1 gros oignon
3 cuillerées à soupe d'huile d'arachide
Sel

Pour l'assaisonnement
1 cuillerée à soupe de sauce de soja claire
4 cuillerées à soupe de sauce barbecue

/ Coupez le bœuf en allumettes. Mélangez-les dans un saladier avec les ingrédients de l'assaisonnement. Laissez mariner 10 minutes au réfrigérateur.

/ Pendant ce temps, faites tremper les vermicelles dans un récipient d'eau chaude (mais pas bouillante) 5 minutes environ. Égouttez-les, passez-les sous l'eau froide et égouttez-les à nouveau.

/ Pelez l'oignon et émincez-le finement.

/ Dans un wok, faites chauffer 2 cuillerées à soupe d'huile à feu moyen, puis faites revenir l'oignon 40 secondes. Ajoutez le bœuf mariné et faites-le sauter 3 minutes à feu vif. Retirez le tout du wok et réservez au chaud.

/ Versez le reste d'huile dans le wok et incorporez les vermicelles. Faites-les sauter 1 minute 30 environ à feu vif.

/ Remettez le mélange bœuf-oignon dans le wok et mélangez l'ensemble pendant 30 secondes. Salez selon votre goût et servez aussitôt.

Bon à savoir !
Pour apporter une touche de couleur, parsemez ces vermicelles de quelques dés de poivron.
Les Chinois se servent de la sauce barbecue dans beaucoup de plats quotidiens. On peut la trouver facilement dans les magasins asiatiques.

Nouilles sautées à la façon Urumqi

新疆牛肉串炒面

Préparation
15 minutes

Cuisson au wok
6 minutes environ

Ingrédients pour 4 personnes
360 g de nouilles de blé fraîches
240 g de viande de bœuf
120 g de chou chinois (ou à défaut, la même quantité d'oignons)
1 grosse gousse d'ail
2 cuillerées à café de cumin moulu
2 brins de ciboulette chinoise (ou de ciboule)
4 cuillerées à soupe de sauce de soja claire
4 cuillerées à soupe d'huile d'arachide
Sel

Pour l'assaisonnement
1 cuillerée à café de cumin moulu
1 cuillerée à café de piment doux moulu
1 cuillerée à soupe de sauce de soja claire
1 cuillerée à café de vin de cuisine chinois
½ cuillerée à café de sucre semoule

/ Émincez le bœuf en 32 lamelles. Piquez chaque lamelle avec une pique en bois. Mettez ces mini-brochettes dans un saladier et mélangez-les avec tous les ingrédients de l'assaisonnement. Laissez mariner 10 minutes au réfrigérateur.

/ Pendant ce temps, faites cuire les nouilles dans une casserole d'eau bouillante 5 minutes à feu moyen. Égouttez-les, passez-les sous l'eau froide et égouttez-les à nouveau.

/ Coupez le chou en fines lanières. Ciselez la ciboulette. Pelez et hachez l'ail.

/ Dans un wok, faites chauffer 2 cuillerées à soupe d'huile à feu moyen, puis faites revenir les mini-brochettes de bœuf marinées 4 minutes environ à feu vif. Salez selon votre goût. Retirez-les du wok et réservez-les au chaud.

/ Faites chauffer le reste d'huile et la sauce de soja claire dans le wok. Ajoutez l'ail et mélangez 15 secondes à feu moyen. Incorporez les nouilles et les lanières de chou, puis faites sauter l'ensemble 1 minute 30 à feu vif. Saupoudrez de cumin moulu et mélangez le tout quelques secondes toujours à feu vif.

/ Répartissez les nouilles et le chou dans des assiettes ou des bols puis ajoutez les mini-brochettes de bœuf par-dessus. Parsemez de ciboulette et servez aussitôt.

Bon à savoir !
Vous pouvez remplacer les nouilles chinoises fraîches par des vermicelles de soja.

Remerciements
致谢

À Michèle R. avec tout mon respect et mille mercis.
Un grand merci à toute l'équipe Mango et en particulier à Barbara et Aurélie pour leurs précieux conseils tout au long de la réalisation de ce livre.
Merci également à Caroline, pour ses chaleureux encouragements lors de mon premier contact avec la maison Mango.

Merci à Jérôme, mon grand amour et mon testeur de recettes. Sans son appui, ce livre n'aurait pu être achevé.
Merci à Camille So et Pluto Zheng, pour leur soutien généreux et éternel.
Merci à Pozi (婆子), muse gourmande de 80 ans, pour son esprit de curiosité et de voyageur.
Mille mercis à tous ceux qui aiment ma cuisine et qui m'encouragent à aller plus loin dans cette aventure gourmande !

Alexia Janny remercie Julie Delben pour la confection des bols en papier.

Équivalences

MESURES LIQUIDES

SYSTÈME MÉTRIQUE	SYSTÈME AMÉRICAIN	AUTRE NOM
5 ml	1 cuillère à thé (cuillère à café française)	
15 ml	1 cuillère à table (cuillère à soupe française)	
35 ml	1/8 cup (tasse française)	1 oz (ou once)
65 ml	1/4 cup ou 1/4 grand verre	2 oz
125 ml	1/2 cup ou 1/2 grand verre	4 oz
250 ml	1 cup ou 1 grand verre	8 oz
500 ml	2 cups ou 1 pinte	
1 litre	4 cups ou 2 pintes	

MESURES SOLIDES

SYSTÈME MÉTRIQUE	SYSTÈME AMÉRICAIN	AUTRE NOM
30 g	1 oz	
55 g	1/8 lbs	2 oz
115 g	1/4 lbs	4 oz
170 g	3/8 lbs	6 oz
225 g	1/2 lbs	8 oz
454 g	1 livre	16 oz

CHALEUR DU FOUR

CHALEUR	° CELSIUS	THERMOSTAT	° FAHRENHEIT
Très doux	70 °C	Th. 2-3	150 °F
Doux	100 °C	Th. 3-4	200 °F
	120 °C	Th. 4	250 °F
Moyen	150 °C	Th. 5	300 °F
	180 °C	Th. 6	350 °F
Chaud	200 °C	Th. 6-7	400 °F
	230 °C	Th. 7-8	450 °F
Très chaud	260 °C	Th. 8-9	500 °F

...dans la même collection

- Craquez pour Bali !
- Craquez pour le tiramisu !
- Craquez pour le surimi !
- Craquez pour la sardine !
- Craquez pour la banane !
- Craquez pour les wraps !
- Craquez pour les lasagnes !
- Craquez pour les crevettes !
- Craquez pour le Petit Billy !
- Craquez pour les tartares !
- Craquez pour les cupcakes !
- Craquez pour les sablés !
- Craquez pour le chocolat !
- Craquez pour le pain grillé !
- Craquez pour les petits farcis !
- Craquez pour la noix de coco !
- Craquez pour les biscuits apéro !
- Craquez pour les brochettes !
- Craquez pour les œufs cocotte !
- Craquez pour le pain maison !
- Craquez pour les tourtes et pies !
- Craquez pour les charlottes !
- Craquez pour la crème de marrons !
- Craquez pour les gâteaux renversés !
- Craquez pour les moelleux sucrés !
- Craquez pour les moelleux salés !
- Craquez pour la cuisine des ch'tis !
- Craquez pour les graines germées !
- Craquez pour les petites mousses !
- Craquez pour les crèmes maison !
- Craquez pour les donuts et bagels !
- Craquez pour les flans et clafoutis !

Édition : Barbara Sabatier et Aurélie Cazenave - Maquette : Natacha Marmouget - Fabrication : Thierry Dubus et Florence Bellot
N° d'édition : M10155 - Code MDS : 73709 – ISBN : 9782842709907
Photogravure : Amalthéa
Achevé d'imprimer en septembre 2010 par Gruppo Editoriale Zanardi – Italie